काव्य के बसंत

अंकिता सिंह

Made with ♥ on the Notion Press Platform
www.notionpress.com

ज्ञान की देवी माँ शारदा के पावन चरणों में काव्य कुंज समर्पित
।

प्रकृति के अंक में सौंदर्य सृजित करने वाली बसंत ऋतु को
काव्य कुन्ज समर्पित ।

माँ श्रीमती मधु यादव व पापा श्री हेमन्त कुमार के स्नेह शील
मार्गदर्शन से मेरी लेखनी को उत्कृष्टता प्राप्त हुई अतः उनके
पावन चरणों में काव्य कुंज समर्पित ॥

क्रम-सूची

क्रम-सूची

स्तुति...

हंस वाहिनी , वीणा वादिनी
नमस्तेतु माँ शारदे ,
देवी ज्ञान की ,
कोकला तान की ,
देवी सरस्वती नमस्तुते ।।

प्रस्तावना

मन की वेदनाओं को हर लेने वाली बसंत ऋतु एक कलमकार की हृदय अभिव्यक्ति का उत्कृष्ट माध्यम है । ऋतुराज मन रूपी लता की उत्कंठा को शांत करके पृष्ठ के पटल पर भावनाओं की अनुपम छटा बिखेर देते है और कलम की नोक से हो जाता है नव कविताओं का सृजन ।

नव सृजन होता कविता से,
मन पुलकित हो जाता है ।
पीले रंग का उपहार लेकर ,
जब अम्बर से बसंत आता है ॥

भूमिका

बसंत ऋतु समस्त ऋतुओं में श्रेष्ठ है । यह माँ वीणावादनी को वंदन करके पीत रंग के उल्लास के साथ वसुधा को नव दुल्हन के रूप में सुसज्जित करती है । शीत के खरमास से ठिठुर चुका मन बसंत के हस्ताक्षर के साथ काव्य सृजन के नव अंश प्रस्तुत करता है । अतः उपरोक्त काव्य संग्रह " काव्य के बसंत " में अंकिता सिंह द्वारा नव रचित कविताएँ प्रस्तुत है जो बसंत ऋतु के उन्माद के साथ कुछ महत्वपूर्ण मुद्दों पर लिखी गई हैं ॥

आभार

काव्य के बसंत नामक पुस्तक लेखन की प्रेरणा देने हेतु ज्ञान की देवी माँ सरस्वती , ऋतुराज बसंत , पूज्य माँ श्रीमती मधु यादव एवं पापा श्री हेमन्त कुमार का अन्नत कोटि आभार । इस पुस्तक के उत्कृष्ट प्रकाशन हेतु प्रकाशक का अन्नत कोटी आभार ॥

अंकिता सिंह

कवयित्री परिचय

अंकिता सिंह

अंकिता सिंह एक स्वतंत्र लेखिका है । आपका जन्म 10 फरवरी , बसंत पंचमी के दिन होने के कारण आपको बसंत ऋतु की मादकता पर काव्य सृजन करने से विशेष उत्साह की अनुभूति होती है । आपकी जन्मभूमि मेरठ व निवास स्थान लखनऊ रहा है । अतः आपकी लेखनी की महक लखनवी तहजीब में घुली है । आपकी प्ररंभिक व उच्च शिक्षा लखनऊ में हुई हैं ।

आपने लखनऊ विश्वविद्यालय से पत्रकारिता एवं जनसम्पर्क में परास्नातक व एम . एड की उपाधि प्राप्त की है । आपने डॉ राम मनोहर लोहिया अवध विश्व विद्यालय अयोध्या , उत्तर प्रदेश से एम. ए अंग्रेजी तथा एम . ए शिक्षा शास्त्र की उपाधि प्राप्त की है । आपने यूजीसी नेट की परीक्षा शिक्षा शास्त्र विषय में 6 बार उत्तीर्ण की है ।

आपको कविताएं एवं लेख लिखने का शौक है । अब तक आपकी 17 पुस्तकें प्रकाशित हो चुकी है । जिसमें कुछ प्रमुख " कलम के पलाश , चहकते पन्ने , सावन के हस्ताक्षर, काव्य के गुलमोहर , पोएटिक फेदर्स , मियूजिंग ऑफ परफेक्ट मून लाईट , रंगीन खिड़कियाँ कविता संग्रह , शून्य सरोवर , शून्य सरोवर २.० व स्नेह तरु कहानी संग्रह , टेन्सस द बलॉसम ऑफ इंग्लिश ग्रामर अंग्रेजी पाठ्यक्रम पर आधारित एबिलेटी डैफोडिलस बीएड , एम.ए शिक्षाशास्त्र पाठ्यक्रम पर आधारित , फेस्टिव कैंडिलस , रिफरेन्स बुक गौरया बचाओ विषय पर आधारित तथा कुछ अन्य पुस्तके प्रस्तुत है ...

आपके लेख तथा रिसर्च पेपर विभिन्न राष्ट्रीय तथा अंतरराष्ट्रीय पत्रिका में प्रकाशित हो चुके है ॥ अब तक आपकी 155 कविताएं प्रकाशित हो चुकी हैं। आपको जीव सेवा करने से आत्म संतुष्टि प्राप्त होती है । आप भविष्य में अपना एन . जी. ओ खोलना चाहती है । लेखन कार्य के अतिरिक्त आपको चित्रकारी का शौक है ।

1. वेद की सभी विमाएँ ...... आज अभिमंत्रित हो गई ।

वेद की सभी विमाएँ ,
आज अभिमंत्रित हो गई ।
माँ शारदा को कर नमन ,
सुर से वंदित हो गई ॥

माँ शारदा

ज्ञान की सारी दिशाएँ,
आज आनंदित हो गई ,
माँ सरस्वती को कर नमन ,
आखर से अलंकृत हो गई ॥
काव्य की सारी रचनाएँ ,
नव कोपलो सी कृंदित हो गई ।
वीणा वादनी को कर नमन,
सारे जग में मनोरंजित हो गई ॥
कला की सारी क्रियाएँ ,
रंगो से रंजित हो गई ।
हंस वाहिनी को नमन कर ,
उल्लासों में इंगित हो गई ॥
ऋतुराज की सारी उपमाएँ ,
पीत रंग से सुसज्जित हो गई ॥
महा विद्या को कर नमन,
राग बसंत में गुंजित हो गई।
वेद की सभी विमाएँ ,
आज अभिमंत्रित हो गई ॥

अंकिता सिंह
लखनऊ

2. यह भारत का संविधान है ......

गंगा का स्वाभिमान है ,
हिमालय का अभिमान है ।
भारत माँ के अंक में ,

भारत

संविधान एक वरदान है ॥
लोकतंत्र का विधान है ,
एकता का प्रवधान है ।

विविधताओं की उपमाओ में,
संविधान एक सम्मान है ॥
मैलिक अधिकारो का जहान है ,
मौलिक कर्तव्यों का गुलिस्तान है ।
भारत के संविधान का ,
पूरे विश्व में गुणगान है ॥
राज्य के नीति निर्देशक तत्वों का मान है ,
हिन्द का विकासोत्थान है ।
उन्नति के हस्ताक्षर का ,
सुनेहरा हिन्दोस्तान है ।
यह भारत का संविधान है ।
यह भारत का संविधान है ॥

अंकिता सिंह
लखनऊ

सन् 2023 में बसंत पंचमी तथा गणतंत्र दिवस एक साथ दिनांक 26 जनवरी को होने के उपलक्ष्य में संविधान पर कविता माँ सरस्वती का आशिर्वाद प्राप्त कर सृजित की गई ॥

3. जब संघर्षों पर मधुमास छाता है......

जब संघर्षों पर मधुमास छाता है,
हर कर्म सफल हो जाता है ।
सरिता की दहलीज पर ,
सागर स्वयं चलकर आता है ॥
जब संघर्षों पर मधुमास छाता है ,
हर कर्म सफल हो जाता है ।
रात्री के अन्तिम प्रहार पर ,
सूर्य स्वयं जय तिलक लगाता है ॥
जब संघर्षों पर मधुमास छाता है ,
हर कर्म सफल हो जाता है ।
मरूथल का हर अश्रु ,
स्वयं जलनिधि बन जाता है ॥
जब संघर्षों पर मधुमास छाता है ,
हर कर्म सफल हो जाता है ।
परिश्रम के हर दिवस पर ,
समय हस्ताक्षर कर जाता है ॥
जब संघर्षों पर मधुमास छाता है ,
हर कर्म सफल हो जाता है ।
कर्त्तव्यों के पथ पर चलकर ,
मनुष्य हर मंजिल पाता है ॥

जब संघर्षों पर मधुमास छाता है ,
हर कर्म सफल हो जाता है ।
अंकिता का अधूरा आलेख ,
शब्दों की पूर्णयता पाता है ॥
जब संघर्षों पर मधुमास छाता है ,
हर कर्म सफल हो जाता है ॥

अंकिता सिंह
लखनऊ

4. माघ के शरबत में......

माघ की प्याली में,
बसंत घोल देते हैं ।
चिट्ठियों में मौन लिखकर वो ,
पन्ना मोड़ देते है ॥

छुई-मुई सी पंक्तियों में ,
नेह छंद जोड़ देते हैं ।
वो मनचले भ्रमर तन के ,
रातरानी ओढ़ लेते हैं ॥
शीत की ठिठुरती आस को ,
पलभर में छोड़ देते हैं ।
वो मयकशी के मौसम को ,
मधुमास बोल देते हैं ॥
मन की बंद साकल को ,
नेह से खोल देते हैं ।
वो अनजान शहर के रुख को ,
मन के गाँव से जोड़ लेते हैं ॥
उन्माद के मौसम को,
बाहर बोल देते हैं ।
माघ के शरबत में,
बसंत घोल देते हैं ॥

अंकिता सिंह
लखनऊ

5. बसंत ओढ़ लेती है ......

मौसमों की कशिदाकारी ,

बसंत ओढ़ लेती है ।

उन्माद के इत्र से भरा,

पन्ना मोड़ देती है ॥

उसने खत में प्रीत लिखकर ,

खग - पिक के पते पर भेजा है ।

अक्षरों की जादूगरी ,

आम्रकंजों को अपना बोल देती है ॥

मौसमों की कशिदाकरी ,

बसंत ओढ़ लेती है ।

रस रास के दरख्त से ,

खिजा की शाख तोड़ देती है ॥

उसने सरसों को पीला रंग कर ,

धरा का यौवन सहेजा है ।

सरसों

रंगरंजो की कशिदाकारी ,
उन्माद घोल देती है ॥
मौसम की कशिदाकारी ,
बसंत ओढ़ लेती है ।
तरुणी के अदरों में ,
बहार घोल देती है ।
उसने पलाश की पायल को ,
तितलियों को भेजा है ।
मदहोशी के घुंघरू को ,
वो हवा में छोड़ देती है ।
मौसम की कशीदाकारी ,
बसंत ओढ़ लेती है ॥

अंकिता सिंह
लखनऊ

6. पलछिन कुसमाकर के

जीवन की हर उलझन के ,
गहरे कोहरे छट जायेंगे ।
खग - पिक बागों में ,
कोई राग प्रेम का गायेंगे ।
सूखे दरख्त की डाली पर ,
वो आम्रकुंज बौरायेंगे ।
अमलतास के प्रसून बावरें ,
गहरे पीले हो जायेंगे ।
मादकता में टेसु की,
भवरें नशीले हो जायेंगे ।
पलछिन वो नीरसता के ,
उन्माद भरे हो जायेंगे ।
सरसों के कल्ले नव ,

सरसों के कल्ले नव..

धरा से आलिंगन कर जायेंगे ।
गगन की भृकुटी पर वह तनाव चिन्ह ,
खुमार ओढ़ हर्षाएंगे ।
पहुन व्यस्त खरमास के ,
तरुणी की नगरिया जायेंगे ।
हल्दी की थापों संग,
वो प्रणय मंत्र पढ़ जायेंगे ।
मौसम के हर अंग में ,
चाहत के रंग भर जायेंगे ।
ऐसे पलछिन कुसमाकर के ,
मेरे जीवन में कब आयेंगे ?

ऐसे पलछिन कुसुमाकर के ,
मेरे जीवन में कब आयेंगे ?

अंकिता सिंह
लखनऊ

ऐसे पलछिन कुसुमाकर के ,
मेरे जीवन में कब आयेंगे ?

7. बसंत की कोरी चिट्ठियाँ...

" हम " के टूटे नेहपाश में,
वो अक्सर " मैं" हो जाती है ।
बसंत की कोरी चिट्ठियाँ ,
जो रिक्त पते पर जाती हैं ॥
मन के टूटे दर्पण से ,
खालीपन झलकाती हैं ।
मौन व्यथा रिक्त देह की ,
अब कहाँ किसे सुनाती हैं ।
बसंत की कोरी चिट्ठियाँ ,
जो अक्सर " मैं" हो जाती हैं ।
मन के अतः वनवास में ,
वो शून्य बिम्ब बन जाती हैं ।
बसंत की कोरी चिट्ठियाँ ,

कोरी चिट्ठियाँ

वो अक्सर " मैं " हो जाती हैं ।
रिक्त स्थान भरने पर....
?? ? एक प्रश्न चिन्ह लगाती हैं ।
वो बसंत की सकुची चिट्ठियाँ ,
वो बसंत की कोरी चिट्ठियाँ ॥

अंकिता सिंह
लखनऊ

8. क्या मधुमास हल कर पाएंगे......

प्रश्न वो खरमास के ,
क्या मधुमास हल कर पाएंगे।
पूस में ठिठुरे शब्दों को ,
क्या बसंत के खत मिल पाएंगे ।
नदिया के भीगे तन ,
क्या सागर की बाहों में जायेंगे ।
प्रश्न वो खरमास के,
क्या मधुमास हल कर पाएंगे।
तरुणी के ख्वाब कुंवारे,

क्या साजन की नगरिया ढूंढ़ पाएंगे ।
बिन दीवाली जो मन के आलों में ,
वो नेह के दीप जलाएगें ॥
प्रश्न वो खरमास के ,
क्या मधुमास हल कर पाएंगें ।
ढाक के दो पातों को ,
क्या फिर से वो पलाश बुला पाएंगें ।
खेतों में लहराई सरसों ,
देख क्या फिर किसान इठलायेंगे ।
प्रश्न वो खरमास के ,
क्या मधुमास हल कर पाएंगें ।

कोकिल के राग बावरें ,
क्या आम्र कुंजों को रिझायेंगे ।
वो भ्रमर ठिठोली के ,
क्या राग बसंत गाएगें ।
प्रश्न वो खरमास के ,
क्या मधुमास हल कर पाएंगें ।
पीत रंग उन्माद के ,
सतरंगी खुमार भर जाएंगे ।
अंकिता के कोरे अंक में ,
बसंत के दिन क्या कभी आएंगे ॥

अंकिता सिंह
लखनऊ

9. हृदय बसंत की क्यारी हो ...

पौष का हर हिस्सा ,
गुनगुनी धूप का आभारी हो ।
हर मौसम फागुन लगता है,
जब हृदय बंसत की क्यारी हो ॥
जीत का हर किस्सा ,
हार का संघारी हो ।
हर संघर्ष कर्मरथ चढ़ता है ,
जब हृदय बसंत की क्यारी हो ॥
जीवन का खालीपन ,
कुछ करने की चाह पर भारी हो ।
हर शून्य शिखर तक चलता है ,
जब हृदय बसंत की क्यारी हो ॥
वो चिराग तम से लड़ता है ,
जब रात बड़ी अंधियारी हो ।
हर दीप दिवाली लिखता है ,

दीप

जब हृदय बसंत की क्यारी हो ॥
मरुथल की वो रीति ,
तृष्णा की त्यौहारी हो ।
हर बंजर हरियाली गाता है ,
जब हृदय बसंत की क्यारी हो । ।
हर चकोर चांदनी चाहता है ,

वो साँझ बड़ी मनोहारी हो ।
हर तारा मदहोश हो जाता है ,
जब हृदय बसंत की क्यारी हो ॥
हर शब्द लेखनी बनता है ,
जब स्वाभिमान अभिव्यक्त प्यारी हो ।
हर पंकित सम्मान लिखती है ,
जब हृदय बसंत की क्यारी हो ॥

अंकिता सिंह
लखनऊ

10. मधु ऋतु का महके कंगन ...

सरसों का छलके यौवन ,
आम्रकुजिंका का बहके तन मन ,
उन्माद चुनरिया ओढ़कर ,
मधु ऋतु का महके कंगन ॥

मधु ऋतु का महके कंगन

अमलतास का महके उपवन ,
तितली का चहके मधुबन ,
उन्माद हिंडोला झूलकर ।

मधु ऋतु का लचके कंगन ॥
पलाश कली सा चमके जीवन ,
भ्रमर पिया सा दहके मन ,
उन्माद साकी घोल कर ।
मधु ऋतु का इठलाये कंगन ॥

अंकिता सिंह
लखनऊ

11. नीड

नीड मौसमों की डाल पर ,
अक्सर नीड बनाते हैं ।
यह परिन्दे हैं खरमास के ,
जो मधुमास में रंग भर जाते है ॥
संघर्ष की डाल पर ,
अक्सर नीड बनाते है ।
यह परिन्दे हैं कत्तिव्य के ,

परिन्दे

कर्मपथ पर चलते जाते हैं ॥
प्रेम की डाल पर,
अक्सर नीड बनाते हैं ।
यह परिन्दे हैं वात्सल्य के ,
जो माँ के आँचल में मुस्कुराते हैं ॥
अभिव्यक्ति की डाल पर ,
अक्सर नीड बनाते हैं ।
यह परिन्दे हैं अन्तर्मन के ,
जो मौन को शब्द दे जाते हैं ॥
अंकिता की देह डाल पर ,
अक्सर नीड बनाते हैं ,
यह परिन्दे हैं काव्य के ,
जो शून्य में गुनगुनाते हैं ॥

अंकिता सिंह

12. जीवन के हर खरमास को , मधुमास करना सीख लो....

जीवन के हर खरमास को ,
मधुमास करना सीख लो ।
वेदनाओं के ग्रास का ,
हर त्रास हरना सीख लो ॥
एकाकीपन की चिट्ठियाँ वो ,
जो तुम्हारे पते पर आयेंगी ।
एकांत के उस मैं को तुम ,
सृजन से हम करना सीख लो ॥
जीवन रे हर खरमास को ,
मधुमास करना सीख लो ।
हार की हर ठोकर को ,
जीत का विश्वास करना सीख लो ।
अहम की जो मिट्टियाँ ,
तुम्हारे अन्तर्मन में बो जायेंगी ।
अहंकार के हर उत्साह पर ,
तुम वार करना सीख लो ॥
जीवन के हर खरमास को ,
मधुमास करना सीख लो ।
नदिया सी गहराई में ,

तुम समुन्दर बनना सीख लो ।
ये चाह कुछ कर पाने की ,
तुमसे बहुत कुछ करवा ले जायेगी ।
मन में नव चाहतों की ,
उमंग भरना सीख लो ॥
जीवन के हर खरमास को ,
मधुमास करना सीख लो ।
मौन के हर शून्य पर ,
उपन्यास लिखना सीख लो ।
ये अभिव्यक्तियों की आवाजें ,
तुम्हे और शशक्त बनायेगी ।
अपने अन्तर्मन को ,
अब आवाज देना सीख लो ॥
जीवन के हर खरमास को ,
मधुमास करना सीख लो ।
जीवन के हर खरमास को ,
मधुमास करना सीख लो ॥

अंकिता सिंह

13. शुक्ल पक्ष के चाँद की ....

शुक्ल पक्ष के चाँद की ,
पंचम तिथि महका गयी ।
माघमासी स्वपन में ,
ऋतु सुखवंती आ गयी ॥
शुक्ल पक्ष के चाँद की ,
सखी रेवती बहका गयी ।
प्रीत प्यासी रैन में ,

प्रीत

ऋतु बसंती छा गयी ॥

शुक्ल पक्ष के चाँद की ,
मन्मथ प्रति दहका गयी ।
उन्माद रति के बैन में ,
ऋतु रसवंती गुनगुना गयी ॥
शुक्ल पक्ष के चाँद की ,
अनुपम कृति चहका गयी ,
अंकिता के नयन में ,
ऋतु बसंती बौरा गयी ॥

अंकिता सिंह
लखनऊ

14. साँझ सुर्ख मधुमास की......

साँझ सुर्ख मधुमास की ,
अलंकृति सजाए अनुप्रास की ।
काव्य के ऊँघे कल्लवों में ,
अनुभूति बहकाए रस - रास की ॥
साँझ सुर्ख मधुमास की ,
परणीति झलकाए पलाश की ।
टेसु के अनछुए पल्लवों में ,

Image source : Internet टेसु

स्वीकृति शर्माएँ सकुची आस की ॥
साँझ सुर्ख मधुमास की ,
अनुकृति महकाए अमलतास की ।
अटारी के सूने कलरव में ,
झंकृति गुनगुनाए प्रणय सांस की ॥
सुर्ख साँझ मधुमास की ,
पावती दिलाए मन प्रवास की ।
मैं के दहके अनुभव में ,
रीत जगाए हम के एहसास की ॥

अंकिता सिंह ,
लखनऊ

15. परिश्रम के रास्ते

भोर के उदघोष में ,
सूर्य सजाना चाहिए ।
परिश्रम के उन रास्तो को ,
मंजिलों तक जाना चाहिए ॥
नदी के जल में ,
सागर मिलाना चाहिए ।
परिश्रम के उन रास्तों को ,
मंजिलों तक जाना चाहिए ॥

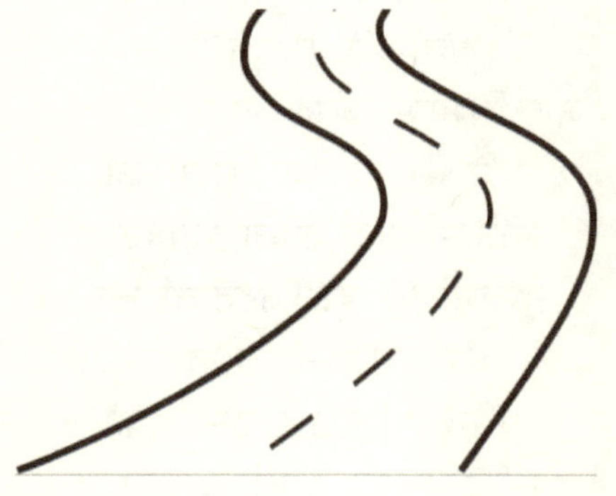

परिश्रम के रास्ते

अँधेरी रातों में ,

संघर्ष के दीपक जलाना चाहिए ।
परिश्रम के उन रास्तों कों ,
मंजिलों तक जाना चाहिए ॥
मन से गहरी व्यथाओं का ,
हर साक्ष्य मिटाना चाहिए ।
परिश्रम के उन रास्तों को ,
मंजिलों तक जाना चाहिए ॥
शून्य सी हर पंक्ति को ,
शिखर हो जाना चाहिए ।
परिश्रम के उन रास्तों को ,
मंजिलों तक जाना चाहिए ॥
गर्मी की हर तृष्णा को ,
सावन पिलाना चाहिए ।
परिश्रम के उन रास्तों को,
मंजिलों तक जाना चाहिए ॥
कर्म की स्याही से ,
नव निर्माण लिख जाना चाहिए ।
परिश्रम के उन रास्तों को,
मंजिलों तक जाना चाहिए ॥
तूफानों को दृढ़ चट्टानों का ,
धैर्य सिखाना चाहिए ।
परिश्रम के उन रास्तों को,
मंजिलों तक जाना चाहिए ॥
पतझड़ की हर डाल पर ,
बसंत खिलाना चाहिए ।
परिश्रम के उन रास्तों को,
मंजिलों तक जाना चाहिए ॥

अमावस की कलाई को ,
चाँद का कंगन पहनाना चाहिए ।
परिश्रम के उन रास्तों को ,
मंजिलों तक जाना चाहिए ॥
मेहन्त के रंग से,
फागुन रंग देना चाहिए ।
परिश्रम के उन रास्तों कों ,
मंजिलों तक जाना चाहिए ॥
नागफनी के गमलों में ,
रातरानी को लगाना चाहिए ।
परिश्रम के उन रास्तों को ,
मंजिलों तक जाना चाहिए ॥
रेगिस्तान की रेत में ,
एक जलाशय बनाना चाहिए ।
परिश्रम के उन रास्तों को ,
मंजिलों तक जाना चाहिए ॥
धरती के कर्त्तव्य में,
आकाश सजाना चाहिए ।
परिश्रम के उन रास्तो को ,
मंजिलों तक जाना चाहिए ॥
हार के हर संताप को,
जीत का परचम लहराना चाहिए ।
परिश्रम के उन रास्तों को ,
मंजिलों तक जाना चाहिए ॥
शब्द की हर व्यथा को ,
मौन से अभिव्यक्त करना चाहिए ।
परिश्रम के उन रास्तों को,

मंजिलों तक जाना चाहिए ॥
पाँव की महावर में ,
कर्मों को रचाना चाहिए ।
परिश्रम के उन रास्तों को ,
मंजिलों तक जाना चाहिए ॥

अंकिता सिंह
लखनऊ

16. कर्मों की स्याही....

कर्मों की स्याही से वो ,
शून्य कहाँ लिख पाता है ।
जब भी सूर्य निकलता है ,
तो चाँद कहाँ टिक पाता है ॥
कर्मों की स्याही से वो ,
शून्य कहाँ लिख पाता है ।
जब भी दीपक जलता है ,
तो अंधकार कहाँ टिक पाता है ॥
कर्मों की स्याही से वो ,
शून्य कहाँ लिख पाता है ।
जब व्यक्ति सत्यनिष्ठ हो जाता है ।
तो झूठ कहाँ टिक पाता है ॥
कर्मों की स्याही से वो ,
शून्य कहाँ लिख पाता है ।
जब हृदय मरुथल हो जाता है ।
तो नेह नीर कहाँ टिक पाता है ॥
कर्मों की स्याही से वो ,
शून्य कहाँ लिख पाता है ।
जब कत्तव्र्य मेहन्त करता है ,
तो निष्कर्म कहाँ टिक पाता है ॥
कर्मों की स्याही से वो ,
शून्य कहाँ लिख पाता है ।

जब पथ धूप में सिकता है ,
तो दलदल कहाँ टिक पाता है ।
कर्मों की स्याही से वो ,
शून्य कहाँ लिख पाता है ।
जब हर आज बदलता है ,
तो कल कहाँ टिक पाता है ॥
कर्मों की स्याही से वो ,
शून्य कहाँ लिख पाता है ।
जब बंसत हस्ताक्षर करता है ।
तो पतझड़ कहाँ टिक पाता है ॥
कर्मों की स्याही से वो ,
शून्य कहाँ लिख पाता है ।
जब ज्ञान प्रज्ज्वलित होता है ,

ज्ञान

तो अज्ञान कहाँ टिक पाता है ॥
कर्मों की स्याही से वो ,
शून्य कहाँ लिख पाता है ।
जब पंक्षी उड़ान भरता है ,
तो धरा पर कहाँ टिक पाता है ॥
कर्मों की स्याही से वो ,
शून्य कहाँ लिख पाता है ।
जब मन पलाश सा खिलता है,

तो विराग कहाँ टिक पाता है ॥
कर्मों की स्याही से वो ,
शून्य कहाँ लिख पाता है ।
जब समय उत्तर देता है ,
तो संताप - प्रश्न कहाँ टिक पाता है ॥
कर्मों की स्याही से वो ,
शून्य कहाँ लिख पाता है ।
जब हृदय सतकर्म लिखता है ,
तो व्यर्थ मर्म कहाँ टिक पाता है ।
कर्मों की स्याही से वो ,
शून्य कहाँ लिख पाता है ।
जब श्रृंगार सृजन करता है ,
तो वियोग कहाँ टिक पाता है ॥
कर्मों की स्याही से वो ,
शून्य कहाँ लिख पाता है ।
जब दृढ़ निश्चय कदम बढ़ाता है,
तो संशय कहाँ टिक पाता है ॥
कर्मों की स्याही से वो ,
शून्य कहाँ लिख पाता है ।
जब परिश्रम यश गाता है ,
तो संघर्ष कहाँ टिक पाता है ॥
कर्मों की स्याही से वो ,
शून्य कहाँ लिख पाता है ।
जब प्रिय साथ निभाता है ,
तो वनवास कहाँ टिक पाता है ॥
कर्मों की स्याही से वो ,
शून्य कहाँ लिख पाता है ।

निश्छल जीवन की प्यास में ,
कोई छल कहाँ टिक पाता है ।
कर्मों की स्याही से वो ,
शून्य कहाँ लिख पाता है ।
धूप के गुनगुने लिफके में ,
वो कोहरा टिक पाता है ॥
कर्मों की स्याही से वो ,
शून्य कहाँ टिक पाता है ।
लेखन की शब्द गर्जना में ,
वो मौन कहाँ लिख पाता है ॥

अंकिता सिंह
लखनऊ

17. साहस ...

कितना साहस चाहिए ,
गिर कर फिर उठ पाने को ।
पथ के हर पाषाण को ,
फिर से पर्वत बन जाने को ॥
कितना साहस चाहिए ,
गिर कर फिर उठ पाने को ।
पतझड़ की हर टेहनी में ,
फिर से मधुमास उगाने को ॥
कितना साहस चाहिए ,
गिर कर फिर उठ पाने को ।
चट्टानो की कोख से ,
एक जलमाला बहाने को ॥
कितना साहस चाहिए ,
गिर कर फिर उठ पाने को ।
सरिता की हर आस को ,
सागर तट तक जाने को ॥
कितना साहस चाहिए ,
गिर कर फिर उठ पाने को ।
गुजरी के फटे पांव में ,
फिर सुर्ख महावर लगाने को ॥
कितना साहस चाहिए ,
गिर कर फिर उठ पाने को ।

अर्धरात्री की बेला को ,
भोर तिलक लगाने को ॥
कितना साहस चाहिए ,
गिर कर फिर उठ पाने को ।
कर्त्तव्यों की स्लेट पर ,
फिर से कर्म लिख जाने को । ।
कितना साहस चाहिए ,
गिर कर फिर उठ पाने को ।
मैं युक्त हर बात पर ,
फिर से हम हो जाने को ॥
कितना साहस चाहिए ,
गिर कर फिर उठ पाने को ।
जीवन के वनवास में ,
फिर से नगर बसाने को ॥
कितना साहस चाहिए ,
गिर कर फिर उठ पाने को ।
जेठ की तपती दोपहर में ,
सावन के बादल लाने को ॥
कितना साहस चाहिए ,
गिर कर फिर उठ पाने को ।
रजनीगंधा के पुष्पों से ,
किसी भ्रमर का मिलन कराने को ॥
कितना साहस चाहिए ,
गिर कर फिर उठ पाने को ।
नीर की हर आस में ,
मरुथल की प्यास बुझाने को ॥
कितना साहस चाहिए ,

गिर कर फिर उठ पाने को ।
मधुमालती की बेल को ,
तरुवर का आलिंगन पाने को ॥
कितना साहस चाहिए ,
गिर कर फिर उठ पाने को ।
सूर्यग्रहण से त्रास में ,
फिर से नव सूर्य उगाने को ॥
कितना साहस चाहिए ,
गिर कर फिर उठ पाने को ।
हर बुझी हुई चिंगारी में ,
अनल सा प्रज्जवलित हो जाने को ॥
कितना साहस चाहिए ,
गिर कर फिर उठ पाने को ।
शहरों की शौहरत में ,
फिर से एक गाँव बसाने को ॥

फिर से एक गाँव बसाने को....

कितना साहस चाहिए ,
गिर कर फिर उठ पाने को ।
फ्लैट के तंग कमरों में ,

खुले आँगन की तृष्णा हो जाने को ॥
कितना साहस चाहिए ,
गिर कर फिर उठ पाने को ।
खोये अंकिता के अक्स का ,
एक दृढ़ आकार हो जाने को ॥

अंकिता सिंह
लखनऊ

18. माँ बसंत का अंदाज है......

माँ पूस की ठिठुरन सी मैं ,
माँ बसंत का अंदाज है ।
मेरी मौन अभिव्यक्ति की ,
माँ शशक्त एक आवाज है ।
जो न कह पायी मैं जग से ,
माँ ने अक्सर समझ लिया ।
मेरे पंखों में उड़ान भर दे ,
माँ नव गगन का परवाज है ।
मैं जो कर पाऊँगी कल ,
माँ आज में उसका आगाज है ।
घर की तुलसी में दिये के जैसी ,
माँ खुद में रीति - रिवाज है ।
शिष्टाचार की भव्य सभ्यता ,
माँ खुद में एक समाज है ।
माँ है ईश्वर की उत्कृष्ट अभिव्यक्ति ,
वात्सल्य का मधु साज है ।
घर की देहरी में लक्ष्मी के जैसी ,
घूंघट में लोक - लाज है ।
पूस की ठिठुरन सी मैं ,
माँ बसंत का अंदाज है ।

माँ बसंत का अंदाज है ॥

अंकिता सिंह
लखनऊ

19. कुछ पाने की चाहत में....

कुछ पाने की चाहत में ,
कुछ खोने की वफा मिलती है ।
साँझ की हर हसरत में ,
एक सहर ढलती है ॥
नदी एक समुन्दर तक ,
कुछ संघर्ष लिए चलती है ।
बिना संघर्षों के ,
मंजिले कहाँ मिलती है ॥
शहर की हर हसरत में ,
गाँव छोड़ बैठे हम ,
अब बसंत की चौखट पर ,
लहराती सरसों कहाँ खिलती है ॥
ई- कामर्स से जो शापिंग की ,
माँ ने बुनना बंद कर दिया ।
अब माँ के हाथ की गर्महाट ,
स्वेटरों को कहा बुनती है ॥
चाँद की चाहत में ,
तम से मुँह मोड़ बैठे हैं ।
अब दिवाली सी रोशनी ,
बिन अमावस के कहाँ मिलती है ।

नयी सदी लिखने को ,
पुराना समय भूल बैठे हम ।
अब फुरसतों की मलंग कलियाँ ,
नये दरखतों पर कहाँ खिलती हैं ॥
कुछ पाने की चाहत में ,
कुछ खोने की वफा मिलती है ॥

अंकिता सिंह
लखनऊ

20. पूस की वो रात आधी.....

पूस की वो रात आधी ,
जो खरमास ओढ़ लेती है ।
खिजाओं की स्याही से लिखी ,
चिट्ठी मोड़ देती है ।
खुद ही चिट्के हैं वसंत के दर्पण
और ये काँच तोड़ देती है ।
पूस की वो रात आधी ,
जो खरमास ओढ़ लेती है ।
वेदनाओं की अन्नत व्यथा में ,
एक और वनवास जोड़ देती है ।
खुद में तंग है एकाकीपन के किस्से ,
और ये तन्हाई के उपन्यास जोड़ देती है ।
पूस की वो रात आधी ,
जो खरमास ओढ़ लेती है ।
रातरानी के ठिठुरे तन के ,
स्नेह पाश तोड़ देती है ।
खुद ही उलझे हैं भ्रमर के मन ,
और यह गिराहों का एहसास घोल देती है ।
पूस की वो रात आधी ,
जो खरमास ओढ़ लेती है ।

अंकिता की लेखनी को ,
विरह त्रास बोल देती है ।
खुद में कितना बेरंग है मन ,
और यह जीवन को कोरा कैनवास बोल देती है ।
पूस की वो रात आधी ,
जो खरमास ओढ़ लेती है ॥
पूस की वो रात आधी ,
जो खरमास ओढ़ लेती है ॥

अंकिता सिंह
लखनऊ

21. जब राजतिलक की बारी हो ....

पतझड़ आते हैं मधुबन में ,
जब हृदय बसंत की क्यारी हो ।
अक्सर वनवास मिलता है ,
जब राजतिलक की बारी हो ॥
सूर्यग्रहण आते जीवन में ,
जब दीवाली की तयारी हो ।
अक्सर वनवास मिलता है ,
जब राजतिलक की बारी हो ॥
मरुथल आते हैं मन में ,
जब तृष्णा नदिया की आभारी हो ।
अक्सर वनवास मिलता है ,
जब राजतिलक की बारी हो ॥
तपते पलछिन आते सावन में ,
जब बरखा की हरियाली हो ।
अक्सर वनवास मिलता है ,
जब राजतिलक की बारी हो ॥

अंकिता सिंह
लखनऊ

22. मधुमास होने चाहिए

...

वो पलछिन खरमास के ,
मधुमास होने चाहिए ।
संघर्ष की हर जय पर ,
जीत के 100 रिवाज बोने चाहिए ॥
वो पलछिन खरमास के ,
मधुमास होने चाहिए ।
कर्तव्यों के बंजर खेत में ,
कर्मों के आगाज बोने चाहिए ॥
वो पलछिन खरमास के ,
मधुमास होने चाहिए ।
" मैं " की कोरी स्लेट पर ,

कोरी स्लेट..

" हम " हो जाने के आभास बोने चाहिए ।
वो पल छिन खरमास के ,
मधुमास होने चाहिए ।
नागफनी से हृदय में ,
अब पलाश बोने चाहिए ॥
वो पलछिन खरमास के ,
मधुमास होने चाहिए ।
ढलती हुई हर शाम में ,
भोर के अंदाज बोने चाहिए ॥

अंकिता सिंह
लखनऊ

23. मधुमास बोकर आई हूँ......

मैं शीत के खरमास में ,
मधुमास बोकर आयी हूँ ।
मरुथल की हर साँस में ,
एक प्यास बोकर आयी हूँ ।
वेगों से बही हूँ सागर तक ,
तो नदिया का एहसास होकर आई हूँ ॥
मैं शीत के खरमास में ,
मधुमास बोकर आई हूँ ।
संघर्ष के हर अंक में ,
वनवास बोकर आई हूँ ।
हारी हुई हर बाजी में ,
जीत का एहसास होकर आई हूँ ॥
में शीत के खरमास में ,
मधुमास बोकर आयी हूँ ।
अमावस की परछाई में ,
दीवाली का विश्वास बोकर आई हूँ ।
मैं रैन के संघर्ष में,
नव भोर का आभास होकर आई हूँ ।
मैं शीत के खरमास में ,
मधुमास बोकर आई हूँ ।

अंकिता सिंह

फैलेट के तंग कमरों में ,
खुले आँगन का आकाश बोकर आई हूँ ।

खुले आँगन का आकाश

पतझड़ सी सूखी आस का ,
पलाश होकर आई हूँ ।
मैं शीत के खरमास में ,
मधुमास बोकर आई हूँ ॥

अंकिता सिंह

❧❧❧

24. अन्नत मौन अभिव्यक्तियाँ......

अन्नत मौन अभिव्यक्तियाँ ,
शब्द सरी हो पायेगी ।
मन के टूटे काज में ,
नेह के बटन लगाएगीं ॥
अन्नत वैराग की वृत्तियाँ ,
क्या संयोग श्रृंगार हो पायेंगी ।
विरह की टूटी डाल पर ,
क्या प्रणय के नीड बनाएगीं ॥

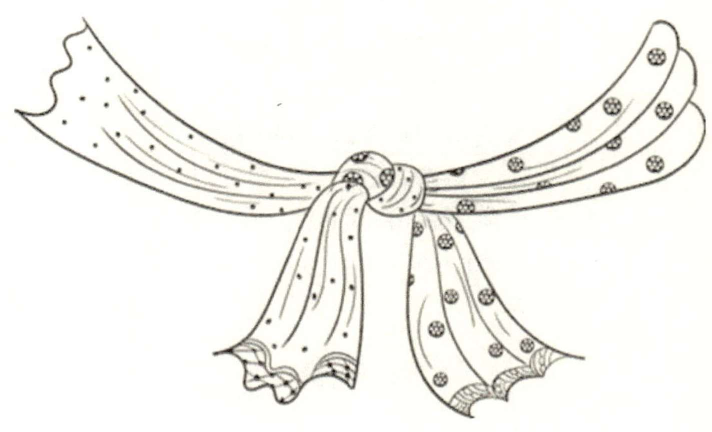

प्रणय के नीड

अन्नत तम प्रवृतियाँ ,
क्या रजनीगंधा हो पायेगीं ।
रजनी के सौभाग्य में ,
पूर्णनासी का तिलक लगाएगीं ॥
अन्नत खरमास की युक्तियाँ ,
क्या बसंत ऋतु हो पार्येगी ।
चैत्र के चौबारे पर ,
वो गेहूँ के पुआल सजायेंगी ॥
अन्नत शून्य की अवृतियां ,
क्या कभी शिखर हो पायेगीं ।
अंकिता की हर राह को ,
मंजिल तक पहुंचाएगी ॥

अंकिता सिंह
लखनऊ

❦❦❦

25. जीवन के संघर्षों का....

जीवन के संघर्षों का ,
उत्कर्ष होना चाहिए ।
जितनी भी विपदाएँ हो ,
उनमें एक हर्ष बोना चाहिए ॥
जीवन में संघर्षों का ,
उत्कर्ष होना चाहिए ।
कर्म में कर्त्तव्य का ,
निष्कर्ष बोना चाहिए ॥
जीवन में संघर्षों का ,
उत्कर्ष होना चाहिए ।
सफलताओं में परिश्रम का ,
स्पर्श बोना चाहिए ॥
जीवन में संघर्षों का ,
उत्कर्ष होना चाहिए ।
धरती के हर अंक में ,
अर्ष बोना चाहिए ॥
जीवन में संघर्षों का ,
उत्कर्ष होना चाहिए ।
नये ख्वाब , नयी उम्मीदों को ,
हर वर्ष बोना चाहिए ॥

अंकिता सिंह

धन्यवाद

ज्ञान की देवी माँ सरस्वती का अन्नत कोटि धन्यवाद ।
अपके अर्शिवाद से मैं काव्य के बसंत नामक पुस्तक का लेखन
कार्य करने में समर्थ रही ॥

अंकिता सिंह

संपर्क सूत्र

Email id- anks26.as@gmail.com
Instagram id - @anki.ta7662